모든 밤에 갇힌 채

시작시인선 0548 모든 밤에 갇힌 채

1판 1쇄 펴낸날 2025년 10월 17일

지은이 한성희
펴낸이 이재무
기획위원 김춘식, 유성호, 이형권, 임지연, 차성환, 홍용희
편집 이호석, 박현승
편집디자인 김지웅, 장수경
펴낸곳 (주)천년의시작
등록번호 제301-2012-033호
등록일자 2006년 1월 10일
주소 (03132) 서울시 종로구 삼일대로32길 36 운현신화타워 502호
전화 02-723-8668
팩스 02-723-8630
블로그 blog.naver.com/poemsijak
이메일 poemsijak@hanmail.net

ⓒ한성희, 2025, printed in Seoul, Korea

ISBN 978-89-6021-826-0 04810
       978-89-6021-069-1 04810(세트)

값 11,000원

*이 책 내용의 전부 또는 일부를 재사용하려면 반드시 저작권자와 (주)천년의시작 양측의 동의를 받아야 합니다.
*잘못된 책은 바꾸어 드립니다.
*지은이와 협의하에 인지는 생략합니다.

모든 밤에 갇힌 채

한성희

천년의시작

시인의 말

당신은

뼈가 드러나도록

밤을 걷고 있다

수입리 월서재月書齋에서

차 례

시인의 말

제1부 당신은 당신대로

흰 뼈로 어둠을 ──── 12

뼈에 엎드려 운다 ──── 14

당신은 당신대로 ──── 16

우리는 꽃이 생각나게 ──── 19

우리는 맨발이 되고 ──── 22

지금은 그림자가 보이지 않아서 ──── 24

지속적인 관계 ──── 26

검은 검은 숲 ──── 29

흰빛 숲을 떠나며 ──── 32

너는 너와 멀어진 채 ──── 34

서로를 사이에 두고 ──── 36

기억 ──── 38

한 사람의 구름 ──── 40

미열 ──── 42

나는 하양 너는 노랑 ──── 44

제2부 어디에도 닿지 못한

겨울 물고기 ——— 48
그 눈빛에서 눈빛으로 ——— 50
여백 ——— 52
꽃잎 ——— 54
슬픔의 호흡법 ——— 56
아직은 무엇이라 부르고 싶지 않은 ——— 58
어디에도 닿지 못한 ——— 60
체득 ——— 62
첫눈에 대한 기억 ——— 64
시계 제로 ——— 66
시간의 좌표 ——— 68
예행연습 ——— 70
상처를 따라 걷다 ——— 72
걸음에 대한 단상 ——— 74
얼굴 없는 계절 ——— 76

제3부 한 사람의 꽃

안부 ——— 78
중력 ——— 81
한 사람의 꽃 ——— 82
아버지 ——— 84
나무의 체위 ——— 86
몽상가의 발굴 ——— 88
불면 ——— 90
산책자 ——— 92
해방 ——— 94
알바 ——— 96
원근법 ——— 98
플랫폼 ——— 100
등장인물 ——— 102
수목장 ——— 104
무장 해제 ——— 106
창 ——— 108

제4부 사건의 지평선

환절기 ——— 112
나는 수용성이다 ——— 115
꽃을 물고 떠나는 새여 ——— 118
불안공화국 ——— 120
브리슈치카 ——— 122
오이넝쿨 ——— 124
사과의 시간 ——— 126
흑백사진 ——— 128
징후들 ——— 130
첫눈을 보았다 ——— 132
봄날의 바이러스 ——— 135
사건의 지평선 ——— 136
모든 밤에 갇힌 채 ——— 138

해 설

송기한 자아에게 돌아오지 않는 산책자 ——— 140

제1부 당신은 당신대로

흰 뼈로 어둠을

어둠 가까이 유리창에서
나뭇가지와 달빛이 기억하는 것
나이테가 드러난 창에서
균열을 보며 서성이는 것

오늘은 밤새도록 유성들이 몰려와
흰 뼈로 어둠을 그으며
쓰러질 곳을 두드리고 있을 것이다

느닷없이 당신의 한쪽 벽을
밤새도록 파내야 하는 날이 온다면
한 생애의 얼굴 하나가 사라질 것이다

어제는 주술사처럼 저 혼자
검은 뿌리들이 발바닥으로 스며든다
당신의 배후에 꽃이 없는 봄이 뚜렷하다

봄이 되면 뼈마디들이
죽은 나뭇가지처럼 바람 소리를 내는데
나는 당신의 창 쪽으로 휘어진다

이 저녁 몸살로 나를 돌아보는 눈빛은
도달할 수 없는 빛으로 흩어질 것이다

뼈에 엎드려 운다

당신의 얼굴을 잊었을지도 모른다
이게 뼈의 말이다

거짓말처럼 잠시 사막 길을 빠져나와
그러니까 침묵 앞에서 두려운 건
없는 얼굴이 뼈를 보고 있다는 것

저녁 식탁에 모인 뼈일 수밖에 없는
빈 그릇을 얼굴들이 파먹는다

광대뼈에 달빛을 문지르는 저녁
생의 한 모서리에서
불안은 기다려주지 않는다

언뜻 등이 보인 울음이 엎드린 채
죽이 식어 간다

어쩌면 우리는 뼈를 벗어 놓는 순간
죽처럼 흩어져서 어두워진다

아프지 않아도 어디에 닿지 않아도
그대들 얼굴처럼 울고 나면
구름 속 뼈들이 말을 걸어올까

당신의 등 뒤에서
울음을 참고 기다리는 것이
뼈인 줄도 모르고

문득문득
오래전 얼굴들이 다녀간다
아득히 뼈를 쓸어내리는 저 소리

당신은 당신대로

1
구름층이 낮아지고
층층나무 잎사귀에 빗방울이 떨어졌다

우리는 먼 여행에서 돌아온 사람들처럼
등이 젖었다

아침도 거르고 상추 쑥갓 모종을 들고 밭으로 나갔다
흙바닥에 무릎을 꿇고 모종을 심었다

이제 다시 먼 여행을 떠나려 하는 것들
언제나 여행의 시작은 바람처럼 활기찼다

이름 모를 풀꽃들이 빗방울과 이야기를 주고받는
오래된 대문은 언제나 여행자의 마음 같았다

2
어쩌면 마음이란
누군가를 떠나보낸 대문이어서

칠이 벗겨지고 색이 바랬다

혼자 남아서 젖어가는 것들
우리는 칠이 벗겨진 대문을 닫을 수 없었다

당신은 당신대로
마음의 문을 닫을 수가 없었다

미루나무가 긴 목을 빼고 구름 너머를 보고
당신은 대문 밖에서 어두워졌다

3
당신은 긴 여행에서 돌아오는
사람을 기다리는 사람으로 등이 젖었다

젖은 등을 따라
새 울음소리가 바람 소리가 젖은 길이 지나갔다

하루 빛이 땅에서 사라져도

그 자리에는 상추와 쑥갓들이 푸르게 빛났다

누군가 기다린다는 일로
어떻게든 젖은 등으로 사람이 살아남았다

우리는 꽃이 생각나게

1
꽃을 들고 있어도 아픈 사람처럼 보여요

한사코 꽃병에 갇혀 사는데
햇볕이 필요 없을 거예요

그래도 꽃이라고 해서 그런지
걷다가도 뒤돌아본대요

지나간 꽃들은 무언가를 따르는 날개처럼
내 곁에 없어요

2
생각해 보면
자꾸 눈에서 따가운 물이 자라고 있어요

올해는 긴 장마로 고추 농사도 손댈 수가 없대요

울 수 있는 자리에 바람이 불고 있어요

나무들이 그렇듯

사람들이 꽃으로 흔들리는 것을 밀어내고 있어요
뒷모습은 묻지 않기로 했어요

온통 구름아파트를 배경으로 갇혀 살면서
꽃이 되고 싶을 거예요

여기서는 꽃을 모른 척할 수 없어요
오늘은 봄 여름 지나 가을이 끝나가고 있어요
꽃을 겁내던 아이가 깊은 잠에서 깨어나요

꽃은 사람이 되어도
사람은 꽃이 될 수 없나 봐요

3
이건 비밀이에요
우리는 그늘을 닮아간다는 걸 모르듯
땅에 누우면 열매만도 못하게 보여요

꽃을 따라왔을 뿐인데
그때도 꽃이 피었냐고 물어볼 수도 없는
꽃병에 사람이 살아요

추워도 창문을 닫지 못하고
아이를 낳고
그때부터 단 하나의 꽃이 믿음이라고

우리는 꽃이 생각나게
끝까지 울부짖곤 했지만
나중에 사람들 지나간 일을 생각해요

우리는 맨발이 되고

달을 보러 얼굴들이 돌아온다
지난밤 우리는 서로를 견디면서

어떤 불빛으로도 채워지지 않는
눈빛을 만질 수 있다

아무것도 내줄 것이 없는 표정으로
술잔이 돌고 달빛을 모은다

누군가 검은 숲과 흰 달빛이
길에서 젖는다고 흔들리며 먹는다

가을꽃에 얼굴들이 스며든다 이방인처럼
우리는 멀리서 먼 곳에서
같은 얼굴로 느리게 걸어왔다

이제는 달그림자로 달려왔다 흘러갈 뿐
사라진 얼굴들을 내건다

우리는 귓속말로 흘러보내는 얼굴들을

묽어지는 흔적들을 더듬고 있다

달이 없는 장례식장은 늙은 배우처럼 기다린다

같은 표정에 닿기 위해 우리는
흐릿해지고 새벽 그림자가 늘어난다

조화처럼 우리는 이파리들이 떨어진다
여전히 꽃은 줄어들고 밤새도록 신발을 숨겨 준다

우리는 검은 길을 배회하고 빈 몸으로 돌아가고
여전히 누군가 다녀간 길 위에서 맨발이 되고

지금은 그림자가 보이지 않아서

나는 보이는 것만이 진실이라고 믿었다 보이는 게 전부였던 시절도 나는 빈칸으로 시작했고
끝이 나도 나는 오로지 빈칸이었다

답이 없어서 더욱 내가 없어서 아니 내가 안 보여서 슬픔마저 없었다 나는 우는 것 같아도 눈물이 보이지 않아서 울지 않았다 세상의 모든 울음은 안 보이는 곳에서부터 시작했다

나의 울음도 그 울음 밖인지 안인지는 몰라도 보이지 않았다 어깨를 들썩이며 몸이 말린 것으로 보아 문득 당신을 대신해서 내가 우는 듯했다

당신의 울음도 보이지 않는 것들이 뱉어내는 각혈 같아서 붉었다 세상의 모든 것들은 보이지 않는 것에서부터 시작되었다

우리들도 보이지 않는 곳에서 이름 모를 꽃처럼 태어났다 안 보이는 것들을 극복하기 위해
무언가를 지켜내는 것처럼 표정을 지었다

나에게 아버지도 어머니도 그렇게 떠나야 했다 걸어가면서도 걷지 않는 것처럼 살면서도 살지 않는 것처럼 보이는 게 진짜 보이는 것이 아니었다

지금은 그림자가 보이지 않아서 나는 슬픈 것 같았다

지속적인 관계

나 혼자만 그러는 거 같은데 봄이 왔다

보여줄 게 있어서요
말보다 실천하는 사람들은 이른 봄에 태어났다

여기저기에서
안에서 바깥을 움켜쥐고 싶은 듯

있는지도 잊었는지도 모르고
봄을 맞이하고 알게 되는 일이

일상이 멈추질 않을까 봐

걱정하지 않아도 되는
엄마의 계절은 가을에도 왔다

오 남매로 부족해서
원 플러스 원에 씨감자 같은 칠 남매는

무슨 일이 없는 대도

엄마는 어디든지 버선발로 내달리고 내던졌다

젖가슴이 철썩 내려앉아
숨어 있기 좋은 치마 속은 언제나 고요해서

밖은 바람 불고 추운데도
이상하게 이곳만은 따뜻했다

따뜻하다는 말이 보이지 않게
움켜쥔 것이 있었으면 다행인데

여름이 가고 가을이
한껏 느껴지는 날

그날이 아들 생일날
우리는 만나서 헤어졌다

그래도 지속해야 하는 일은
겨울 봄 여름 그리고 가을

누군가 내게로 걸어왔으면 눈물이 났다

검은 검은 숲

1
죽은 나무와 죽어 가는 나무들 사이
달빛이 증언자처럼 깨어나네

죽은 나무에 달라붙어 대신하는 그림자와
피가 돌지 않는 나무를 옮겨 다니며
너의 죽음까지 이어지는 바람 소리

흔들리는 것과 흔들리지 않는 것 사이
그것들 검은 입을 벌리고 서로 오랫동안 지켜보네

종양도 아닌 저 검은 숲이
어떤 **뼈**로 길을 내고 있을까
차가운 유랑의 흔적과 기억 사이 악몽만 남은

이곳은 어둠의 잎사귀가 다 떨어질 때까지
귀에 가까운 건 비명
나는 죽은 나무로 너의 캄캄한 비탈에 새겨지네

그날의 몽중은 어디에서도 찾을 수 없고

검은 숲은 너라는 나를 핥고 있네

2
한동안 너와 나는 검은 숲을 벗어나지 못해
대낮에도 신발을 잃어버리고 쓰러진 나무만 기억하네

너는 만질 수 없는 것이어서 차갑게 부풀고
나는 만질 수 있는 것이어서 뜨겁게 비명을 삼키네

나는 살아 있는 나무와 닮은 게 하나도 없기에
제물인 것처럼 벌거벗은 채 살아남네

수만 그루 검은 얼굴들이 영혼들이
네 뼛속의 어둠에서도 알 수 있게 흔들리네

이곳은 죽은 나무도 감정을 가지고 있는 듯
벼랑에서 검은 가지를 끌어안네

검은 검은 숲에 달빛이 다 채워질 때까지

누군가 천천히 지워지면서
죽은 나무가 다 젖도록 운 적이 있네

흰빛 숲을 떠나며

풀어질 수 없는 뿌리는 가지로 뻗어 나갔지
새가 날아오른 자리에서 그보다 더 높이
푸르게 푸르게 날았지

사람을 사람답게 대하려고
사랑을 사랑답게 만들려고
어둠에서 비탈에서 수직으로 섰지

빈 땅에서 빈 죽음으로 가는 등을 위해
푸른 그늘로 서러움 없이 지켜주었지

가끔씩 공허의 감정이 들어서인지
멀리 멀리까지 새의 기분으로 날아보았지

그런 날은 몸과 마음이 향기 같아서
그늘마저 달콤하고 푸르고 아름다웠지

얼룩진 사람을 대할 때마다
한 사람 한 사람 외롭지 않게 안아 주었지
숲이 어두울수록 새의 감정으로 천천히 문질러 주었지

날 닮은 뼈를 찾기 위해
뼈가 아픈 나무가 되기 위해
가지를 꺾이면서 울음을 들으려 했지

곧 가을이 지나가고 한 계절이 오겠지
차디찬 맨발로 누가 데리러 오겠지
저 너머의 톱날이 무엇인지 기다리겠지

어떤 죽음과 비탈 사이 눈이 쌓였지
이제는 마음 놓고 흰빛 뿌리 곁에 쓰러졌지

두꺼운 책에서 나이테를 찾아낸 것처럼
거친 숨소리에 몸을 맡긴 채
가까운 듯 멀리 떠다니는 구름이었지

너는 너와 멀어진 채

   배회한다 삶에 대한 진공이 혼잣말을 중얼거리듯 부서지는 불빛이 여전히 두려운 얼굴로 구름을 바라보는 눈빛이

   눈을 감고 있으면서도 누군가와 대화를 나누고 있는 것이 구름을 타고 어디론가 흘러가는 것이 목을 꺾어서 줄기차게 정적으로 가는 것이

   어둠 가득 눈빛이 강이 될 때까지 기다리는 것이 거짓말처럼 발이 땅에 닿지 않아 떠내려가는 것이 강물에 몸을 던지듯 온종일 물그림자가 되는 것이

   빈집처럼 목을 제 몸 안으로 밀어 넣는 것이 젖은 몸을 쓰다듬으며 너는 너를 사라짐으로 사람은 이곳에서 저곳으로 이어지는 구름일 거라고 믿는 것이

   사람이 사람을 덮을 수 있는 것처럼 침묵하는 것이 너는 너와 멀어진 채 늘 죽음에 닿아 있는 모든 것이 너의 끝이 구름과는 상관없는 무기처럼

   응시한다 사람이 사람을 지나고 나면 그 너머로 바람뿐

인 세계 구름 같은 새 한 마리 바람을 문지르며 지나간다

서로를 사이에 두고

매일같이 그렇게 왔다 갔다 흔들리면서 가끔씩 얼굴을 파묻고 울어주면 된다고 했었다

가까이서 울음소리가 두려운 건 누군가 곁에서 등으로 굳어가고 있다는 사실

한쪽으로 기웃거리지도 않으면서 몸을 좌우로 흔드는 모양으로 봐서 목적지는 분명한 것 같았다

언제부터일까 슬픔이 무성할수록 서로는 부르지도 않으면서 생각하려고도 하지 않았다

서로는 그림자처럼 너무 조용해서 같이 가는 기분을 느낄 수는 없지만 부은 발등을 알게 되었다

우리는 취향과 스타일을 맞추기 위해 어떤 몸으로 분리하고 있었다

서로는 이기적이면서도 스스로 이기적으로 변하지 않는다고 믿었다 함께한 세계가 그러하듯

가을이 곧 끝날 것 같아서 서로는 서로만의 방식대로 기억하는 나무가 되었다

어떻게 하면 따라 걷나 생각하다가 처음으로 온 힘을 다한 몸짓이 그림자라 누가 말했다

그 순간 서로는 휘어진 등을 내밀고는 인정받고 싶은 슬픔을 눈물이 고이도록 말했다

아무것이나 저 그림자로 서로를 사이에 두고 따라 걸어야 한다고 믿고 있었다

생각할수록 끝없이 변하고 스쳐 지나갈 수밖에 없는 사랑처럼 그림자는 없었다

기억

 나를 꼼짝할 수 없게 만들어 버린 그 날의 숲은 어두웠다 나는 만난 적도 생각해 본 적도 없는 얼굴에게 공손히 큰절로 삼배를 올렸다 마지막 삼배가 끝날 즈음 누군가 나에게 다가와 이마에 얹힌 두 손을 잡아 주었다

 모든 것을 초월해버린 듯 미소로 나를 일으켜 세우는 당신은 저녁 숲보다 더 큰 어둠 하나를 일으켜 세우는 것 같았다

 격자 창살에 비스듬히 걸쳐 있는 당신과 나는 그것이 처음이자 마지막이었다 서로는 오래전에 아는 사람처럼 손이 따뜻했다

 그날의 기억은 잃어버린 꿈을 찾았다가 다시 잃어버리고 만 것 같았다 죽음을 태연하게 아끼듯 울음이 사흘 동안 몸 구석구석 뼈마디를 돌아다녔다

 그나마 당신의 세상이 느껴지는 듯 다시 꿈속으로 들어가고 싶었다 다행스러운 건 그날의 꿈으로 당신을 처음 알게 되었다는 서러움이 기억보다 더 깊다는 사실이었다

가을 나무들이 잎사귀를 하나둘 놓아주는 일처럼 당신을 하나둘 풀어주고 싶었다 뼈만 남은 당신의 손을 가슴에 내려놓으면서 이제는 떠나세요 훨 훨 아주 멀리멀리 가세요 구름만큼 오래 울었다

무언가를 내 몸의 껍질처럼 평생 두르고 사는 일이 깊은 물 속 같아 가라앉지 못했다 갈나무 잎사귀보다도 가벼운 생각들이 멍울이 들고일어날 것 같았다 숲으로 난 길과 바람까지 모조리 덮어 주는 어둠이 먹먹했다

나는 죽는 날까지 편두통을 심하게 앓다가 죽을 것 같았다 꿈속에는 나무껍질처럼 강물로 둥둥 떠내려간 사람을 만난 적이 있었다

나는 가장 완고하게 내 안에서 가장 멀어지게 누군가를 슬픔의 강으로 밀어낸 적 있었다

한 사람의 구름

편지를 쓰다가 구름이 도착했다

이것은 한 사람이 슬픔마저 잃어버렸다는
견고한 몸짓

깊이를 숨긴 생의 한순간
혼자에게 돌아가는 시간이었을 때
나는 바람이 빛나는 강을 쳐다볼 수 없었다

아무 생각 없이 입술을 놓아주는 일
떠나기 전에
환청의 바람처럼 주문을 걸고 싶었지만

끝내 헛것이라고
주저 없이 행간에서 물기가 돌았다

꽃병 안은 여전히 죽어 가는 꽃
어느 순간에는 구름 너머서 깊었으므로
또 하나의 세계가 빠져나갔다

남루한 목숨처럼
내 몸에서 한 사람이 허물어질 때
세상 밖 구름을 생각했다

한 사람이 언뜻 보이다가 풀려나갔다
그 구름은 처음부터 아득한 강에 머문 것이었다

수신인 없이 물살이 되어 가는 문장
한 사람이 침식되는 동안
구름은 끝이 아니라 시작일 뿐

여전히 아무렇지도 않게 식탁 위에서
나는 한 사람의 구름

미열

정다웠고 다정했던 가을이 오면 마음을 열고
너는 나의 사과를 받아먹었다
이건 한쪽이 주고 다른 한쪽이 받아먹는

햇살을 받아들인 사과나무에서 열매가
해가 기우는 각으로 뒷모습이 허물어졌다
우리는 앞뒤가 똑같은 동전을 본 적이 없었다

사과와 비슷한 말을 찾아 떠난 사람들은
무슨 일인가를 알지 못한 채 돌아오지 않았다
이건 한쪽이 저절로 무너지는 일

우리는 사과밭에 나란히 앉아 사과를 나눠 먹었다
가장 가까이 붙어 있는 사과와 사과나무 사이에서
느낌을 주고 받았다

사과는 충격적인 말을 들은 사람 옆에서 느낌으로
돋보였다 그해는 사과들이 터무니없이 붉고 달았다

도무지 사과밭 풍경처럼 보이지 않는

달빛 아래 뒤돌아서서 고개를 숙였다
보이지 않게 작은 눈물이

사과로 시작해서 사과로 끝나는
사과를 밟고 지나갈 수 없는 밤
모든 밤의 사과는 바깥에서 포장되고 배달되었다

나는 하양 너는 노랑

땅바닥 풀을 뽑다가 구부러진 손이 멈추네
질경이 앞에서 바닥을 평생 기어 다닌 기억들은
하얀 알갱이

빌어먹을 그때도 질경이만 남아 있는 봄날이었지
우리가 걷던 길은 애기똥풀꽃으로 무성했지

잡초의 근성도 모르고 시집온 엄니는
꽃 모가지만 비틀어 잘랐지

어떤 어긋남에 대해
손가락 끝에서 노랑꽃까지
발버둥 칠수록 느낌은 이상하고 슬펐지

생활 앞에서 의지를 재발견이라도 하듯
어느 때보다 더 잡초를 밟으면서
밤낮없이 숟가락질만 했지

질경이처럼 모질긴 삶이 생각나지 않게
내 곁을 사납게 떠돌던 것들이

맹렬하게 들고일어났지

젠장, 그것이 울게 내버려 둔 게 맞을 거야
손안에 움켜쥔 꽃이 빠져나갈까 봐
둥굴레 뿌리 같은 손가락을 쓰다듬어 주면서

손가락과 풀뿌리는 동급이라고
비 오는 날 잡초를 붙들고 울었지

딸아, 너만은 이렇게 살지 말거라 하는 말에
수없이 주저앉아서
구부러진 손마디가 무언지도 모르고

흰 뼈 드러내며 서로를 품고 살아온
저 길에서 지금도
잡초가 무성해질 뿐일 텐데

서로는 받은 몸을 무시하는 죄를 지은 것이여
아무것도 아닌 것들이 죽지도 살지도 못하고

맨발에서 흩어지지도 않는 발자국으로
침대에서 흰 비늘로 바닥에서 노랗게 우는 것이네

우리는 그냥 아득한 몸짓으로
흰 침대도 노랑 바닥도
그렇게 죽음도 물고 늘어지는 일이네

제2부 어디에도 닿지 못한

겨울 물고기

아프지 않아도 되는 사람을 두고 눈이 오네
마치 호흡이 없는 눈사람처럼 강과 마주하고 있네
등으로 울지 않아도 되는 물고기를 곁에 두고 울음을 참네

가을부터 시작된 바람이 겨울나무 곁에서 풀려나는 것을 보네
얼음장 발가락을 담요로 감싸 주며 불안한 표정이 있네

누가 침대에 이름을 걸어 놓고 출렁거리지 않아도 슬픔이네
힘겨운 움직임이 없어도 당신이 죽은 것은 아니네
몇 번의 호흡이 멈춘 후 차가운 쓰라림을 보겠네

그러니까 애증의 눈물이 끝없이 겨울을 대면하는 거네
오래전 겨울 물고기의 호흡을 닮아 가던 고백이란
빛으로 물살을 타넘는 물고기의 절규이겠네

그러니까 당신의 심장은 추운 겨울로만 이어지고
그 물고기는 결빙을 알몸으로 받아내며 한겨울을 지나

가네

  틀어막은 눈물이 이름으로 스며들다가 물방울처럼 사라지네
  그것이 무언지 저마다의 길로 휘어져 흩어지네

  나와 떨어지려고 겨울 물고기는 최선을 다한 거네
  이제 나에게서 멀어지기 위해 결빙의 꽃으로 너그러워지는 것이네

  결국 쏟아지고 부서지기를 반복하던 사랑마저 물살에 풀어 주네
  어떤 물살에도 사라지지 않을 듯 물고기 꼬리지느러미를 흔드네

  겨울 강 앞에서 절망하기도 전에 빛나는 당신이 겨울눈이네

그 눈빛에서 눈빛으로

말 한마디 남기지 못하고
한 사람이 한 사람을 건너간다

한 계절이 또 한 계절로 가득해져도
어떤 눈빛에 대해 숨소리에 대해
누구도 눈치채지 못한다

무언가 물을 듯이
몸 안에서 무얼 뱉어 내는 듯이
눈동자 안에 무수히 말을 모으고 있다

그 눈빛에서 뛰어내릴 것만 같은
끝이 보이는 강물
어둑해지는 얼굴이 식탁처럼

이쪽에서 저쪽으로 기울어진다
한 사람이 한 사람에게
누군가는 흰 뼈의 창으로 남는 것

오래도록 혼자 걸어온

저녁 강처럼
흰 물살을 묻지 않기로 한다

누가 한 사람으로 기억을 밀어낸다
애를 쓰면서 실눈을 열고

누가 누구에게 도착하듯
그 눈빛에서 눈빛으로 다가간다
그렇게 한 사람이 한 사람을 덮는다

여백

감은 눈이 가벼워져서 당신의 부재는 겨울 숲에서 만났다

우리는 몇 년 만에 만난다 해도 꿈의 안쪽에 닿아 있었다

이쪽과 저쪽에서 가을이 지나고 첫눈으로 되살아났다

지루한 새의 울음은 폐허의 나뭇가지에도 그림자를 내밀었다

먹먹한 깊이만큼 저녁의 뒷모습들이 숲길을 끌고 다녔다

기억을 걷는 날은 그 여백의 표정으로 울컥거리다 낯선 곳으로 갔다

언젠가 결혼식장에서 악수하고 다시 만나자며 장례식장에서 헤어졌다

그럼에도 우리는 눈[雪]처럼 두려운 어깨를 흘러내렸다

아무렇지도 않은 듯 캄캄한 날을 위해

낙엽송 산 중턱에서 환청의 뿌리보다 깊어졌다

서로는 날갯짓을 잃지 않으려고 무언가 누르는 눈치였지만

한 번쯤 놓쳐본 적 있는 사랑을 위해 아무 다짐도 없었다

우리는 눈송이들이 흩어지는 모습에 대해서도 입을 열지 않았다

겨울이면 그 여백이 되는 눈길이 가득했다

지난밤 눈이 무성할수록 따뜻해지는 것들이 달려들었다

누군가 밤의 정적으로 울지 않게 혀를 깨물었다

꽃잎

슬픔이 얼굴을 덮은 채 누워 있게 해요
오래전 몽유가 바람을 닮아 가게
안이 훤히 드러나도록 표정이 흘러내려요

바람의 근육을 풀어 주고
우리는 그 안에 가만히 누워 있게 해요
냉기 가득한 폐허가 오기 전에
차갑게 뜨거워지는 순간들이 필요해요

굳은 눈빛을 깨뜨리고 슬픔 속으로
천천히 걸어 들어가 보세요
무감각의 기억에서 깨어나
봄 나무처럼 입술을 벌려 구름을 만져 봐요

비가 내려도 얼굴이 얼굴 위에 겹쳐서
구름의 표정과 같아져요
우린 서로에게 닿기 위해 꽃잎처럼
호흡을 누른 채 누워 있어요

근육이 숨을 몰아쉴 때마다

그냥 슬픔이 쏟아지게 해요
바람이 얌전해질 때까지 깨우지 말아요

눈 감은 채 꽃잎을 만져 봐요
바람은 이미 꽃을 지우기 시작하고
봄은 슬픔에서 흔들리고 있어요

우리 같은 감정이 같은 표정이 아니더라도
골목길처럼 맨발로 사라질 것 같아요

어둠을 뼈에 새기는 나무들의 목소리로
실컷 울고 난 새에게 거짓말처럼 말해 주세요

그곳에도 슬픔이 불고 있다고요

슬픔의 호흡법

슬픔이 될 때까지 죽은 사람들이 등에서 떠나지 않았다
새로 만들어진 텃밭이 슬픔을 덮고 나서야 비가 내렸다

꽃밭을 위해 새들이 울음을 놓고 갔다는데 울음의 날개
가 되는 것도 슬픔의 뼈였다 물방개의 자세도 다른 방식의
슬픔이 될 수 있었다

텃밭 너머에 슬픔의 공화국 잔해처럼 쓰러져버린 것들로
남아 있는 감정들 가쁜 숨을 몰아쉬며 눈동자가 한쪽만을
쓰다듬고 있었다

생의 지층을 짓누르는 게 거친 호흡이라면 그 이전부터
아교질 슬픔은 죽음의 기원이 되었고 무덤 속에서도 피는
돌았다

살아 있어 멀리 보이는 슬픔이 무릎을 구부리고 최선을
다해 지친 이름들을 비스듬히 앉혀 봐도 죽 그릇은 식었다

슬픔은 쇠락할 줄도 모르는지 공평하게 알약들을 나누어
먹었고 통증들이 또 하나의 잠이 될 때까지 이유 없이 몸부

림만 쳤다

　어느 날 피할 수도 없이 외길이 푸른 이끼처럼 올 것이다 우리의 천국은 벼랑 끝 별자리의 침묵에서 견딤으로 그 길이 잠으로 화해할 것이다

　한 움큼의 흰 머리카락을 유지하려고 차가운 비가 내렸다 슬픔을 다짐한 듯 비를 피해 걷는 사람들이 슬픔보다 일찍 귀가했다

　낮은 구름층을 파종할 때마다 텃밭을 누가 끌고 가는가를 알고 싶었다 쓸쓸하게 우리는 살아 있음으로 슬픔이 들키지 않은 채 요양원을 지나갔다

아직은 무엇이라 부르고 싶지 않은

어떤 잠은 죽음은 너무 조용해서
잠인지 죽음인지 누구도 모르게
우리 곁을 지나간다

가장 낮은 그림자에 비스듬히 기대어
벽에서 벽으로
바닥에서 바닥으로 스며드는 사이

우리는 식탁이 어두워진다 외길에서
검은 잎사귀가 바닥에 흩날리고
목숨처럼 비바람이 눈발이 후려치고

침묵으로 뼈와 살이 으스러질 때마다
그곳 바닥은 영혼을 기다리는 자로
무슨 일이 벌어질 것처럼 고요해진다

우리는 풍경 너머에서 죽은 나무로
살아 있어 돌아서서 등으로 운다
바람이 누워 버릴 때까지 울고 울어서

잠이 잠으로 끝나지 않는
그 잠이 죽음이 구분되지 않아서
벽에서, 바닥으로,
어깨뼈가 무릎이 썩은 냄새로 축축해진다

어둠 깊숙이 무엇이 무엇에 닿는지 알 수 없이
아직은 무엇이라 부르고 싶지 않은
그 검은 날갯짓에게

어느 날 오후의 빛처럼 바닥에 등을 눕히고
우리는 비로소 한 줌에서 한 줌으로 잠이 될 것이다

어디에도 닿지 못한

쓰러진 풀들을 기억하는가

발자국이 발자국을 남기며 흘러간다

바람에게 따돌림을 당하던 사람들이

아무렇지도 않다는 표정이다

표정을 잃어버린 자를 따르는

새벽녘 핏물이 떨어진다

그이는 구름을 넘어 어느 것도 기억할 수 없다

이슬의 눈에서도 풀은 깨어난다

풀의 기억에 잠긴 자들 갈 곳이 없는데

길은 떠도는 이름을 기억하지 못한다

쓰러진 사람들이 일어날 때까지

물러서지 않는 바퀴처럼

어디에도 닿지 못한

길에서 그림자로 길어진다

풀들이 길을 풀어 준다

아무렇지도 않게 끝없이 만나는 것들

아늑해지듯 당신을 응시한다

바닥을 향해 입김을 내던진 자

풀숲에 얼굴을 묻는다

기억의 경계로부터 힘껏 멀어진다

체득

처음부터 울음으로 너는 손을 내미네
너는 첫 만남부터 울음 안에서
피 묻은 손을 내미네
너희 엄마가 엄마를 만날 때처럼
너도 엄마에게 울음을 내미네

너와 나는 울음으로 이어지고
울음에서 끊어지네
이다음 손가락에 반지를 낄 때쯤
너도 엄마를 끌어안고 울겠지
네가 엄마와 처음 만날 때처럼
가슴에서 가슴으로 이어지는 그 울음이
아무것도 바랄 것 없이

네가 엄마가 되어 다시
울음이 손을 내밀 때
손바닥 안 울음을 끌어안고
젖을 짜 먹이고 체온을 나누고
마치 눈물과 기쁨을 서로가 품듯이
너라는 울음으로 나를 받아들이네

울음으로 잠들고 깨어나고
울음으로 안과 밖을 벗어나는 것
울음의 생을 체득하면서
날마다 너와 나는 체온을 되찾겠네
그리하여 너의 따스한 손으로 나는
울음처럼 둥그러지고 구르겠네

이제 너와 나는 울음으로 엄마가 되고
울음으로 아이가 되겠네
울음으로 만나고 헤어지고
너와 나의 다음 생도
울음 안에서 곤히 잠이 들겠네

첫눈에 대한 기억

숲은 숲대로 길은 길대로
손등을 잡아주는 길손이 있네

소설 지나 흰 꽃들이 바스러지듯
차가운 이마와 서러운 등을 껴안아 주네

어느 것도 추위에 빛나지 않을 것 같은
어둠에서 바닥에서 경배하듯
첫눈이 덮여 있네

내가 앓아눕던 자리에도 가던 길을 멈추고
타들어 갈 듯 반짝이네

따뜻한 아침을 위해 뜨거운 노동을 위해
선연한 꽃을 날려 보내니

한 번쯤 사죄하고 싶은 영혼이여,
나는 공손히 두 손을 받쳐
찬 얼굴에 꽃을 올려 보네

고백하건대 나를 향한 또 하나의 생을
나는 쳐다볼 수가 없네

소리 없이 모든 것들이 경계를 지우고
처음의 기억으로 돌아가는데

누가 창 하나에 불을 켠 채
술병처럼 검은 그림자를 내던지네

시계 제로

지는 꽃이 사라지는 걸까
사라지는 것들이 사라지는 것인가

시간이 아닌 것은
이름으로 남는다

존재하는 것이 존재하는 것인가
이건 확인 아닌 물음

빵과 허기는 무슨 관계일까
굽거나 혹은 질긴

사라지는 것이야말로
사라지지 않는 것

존재하는 것이야말로
존재하지 않는 것

바닥은 꽃잎이 가득한데
봄이 오고 가도 모두가 그대로인데

그러니까 당신으로 남은 것도
과거와 미래도 없는 슬픔

시간의 좌표

 늙은 사내의 몸에서 나무 냄새가 난다 사내의 등이 뿌리에 닿는 순간 나이테가 꿈틀거린다 나무가 사람을 파헤치듯 얇은 살갗을 뱉어낸다 그러니까 뿌리에 가 닿으려 할수록 시간이 발견된다

 나무는 자신의 목숨을 벗겨내듯 사내의 살갗을 받아들인다 한 겹 한 겹 나이테의 경계에서 새로운 몸이 탄생된다 나무는 살점을 뜯어먹으며 죽음의 중심을 두드린다

 사람이 나무로 들어가고 나무가 사람 속에서 걸어 나온다 오랫동안 숨기고 숨겨 왔던 문양들이 순해진다 온몸이 나뭇가지로 잎사귀로 이어진다

 나무는 가지의 높이에서 바람을, 뿌리의 깊이에서 어둠을, 몸에 새겨 넣는다 나무와 바람이 사람과 어둠이 스치고 만난 자리마다 시간이 반짝인다

 아버지가 어머니를 만나 사내가 나무와 만나 새가 날아가고 다시 새로 돌아오고 죽음하고는 아무 상관없는 일처럼 그것들 서로 달라붙는다

나무에서 깨어난 바람의 방향은 두개골로 이어졌다 나무의 등은 북쪽이었다 사내의 발은 남쪽이었다

예행연습

지금껏 한 사람이 한 사람을 서성거리다가
그날의 눈빛이 생각 밖에 있는지도 모르고 누워 있다

감은 눈이 꿈에 닿지 않는 일이라 생각하면
흰 머리카락은 건조해지는 바람
한 사람이 상징처럼 소멸하는 중일 거라고

이건 까마득히 두려움이 될 수 있다고
안으로 시간에 닿지 않는 회귀라 생각한다면
밖으로 결박은 아닌 듯

흰 머리카락은 죽음의 예행연습이라는 걸이었으므로
한 번도 본 적 없는 세계에 궁극을 내던지는 것

한 마리 새로 그림자로 날아다니다가
바람보다 먼저 어둠 쪽으로 기우는 일이

새들도 알 것 같은 먼 곳을 향하는 자유가
그 날갯죽지가 바람의 몸에서 영혼으로
지난밤 모든 걸 말해주고 싶었는데

깊은 잠 앞에서 어떤 울림의 틈으로
감은 눈이 아무 상관 없다는 듯이 조용하다

침대에서 바람이 불기 시작한다
환한 얼굴이 무언가 다시 깨어나는 듯
흰 머리카락들이 새처럼 날아간다

상처를 따라 걷다

대숲 같은 마음으로 날이 저물었다
몇 년의 투병과 가벼운 몸짓 주름들이 빛났다
숲은 그때마다 흔들렸고 무언가 쏟아졌다

그녀는 밤새도록 통증의 그림자를 끌어당겼다
빈자리에서 흘러나오는 얼굴들
눈동자에 닿은 풍경은 죽은 입이 되었다

창문을 닫고 있어도 바람이 닿았다
대숲의 출렁거림인지 무언가 흰죽에 닿은 듯
입술에서 한 줄기 뿌리를 건져 올렸다

멀리서 새잎이 돋아나려는지
몇 개의 알약들이 경계에서 벗어났다

길을 걷는 동안 그녀의 눈동자는 깊어지고
스스로 제 그림자를 가두었다
그로부터 대숲은 우는소리로 무거워졌다

누군가 할 말을 대신하듯

사람이 없는 집에도 풀이 자랐고
바람이 불고 달빛이 있었다

달빛이 닿은 길은 내리막이었지만
뼈마디 마디 삶에게는
아플 때가 가장 살아 있는 몸이었다

하나의 언약처럼 상처를 따라 걸었다
아득한 것들이 흔들렸다 우리는
소리 없이 한 여자의 기억에 도착해 있었다

걸음에 대한 단상

나는 끝 모를 아래로 흘러가네

돌이 바닥을 쓰다듬어 주네

삶의 바닥을 가슴으로 돌려놓기 위해

낮이나 밤이나 상처로 걸어가네

멈출 수밖에 없는 수렁에서도

어둠을 알몸으로 밀어내네

바닥이 삶이고 바닥이 죽음이네

영혼의 땅으로 가는 걸음에

설핏 그날이 오면

올 수 없는 시간을 만나면

그 붉은 심장을 돌려주겠네

그날로부터 새 울음소리 출렁이고

꽃들도 재울 수 있겠네

나는 이제 그림자를 털어 내고

길에게 깊어지네

물결도 바람도 몸을 낮추고

깊은 잠으로 가라앉네

얼굴 없는 계절

　빈손으로 빈손을 움켜잡는 시대는 지나갔다 우리는 계절이 없던 거리와 우울과 싸우면서 주먹에는 주먹을 팔꿈치에는 팔꿈치를 걸었다 그 얼굴 없는 계절이 다가왔다

　사람과 사람 사이 저 뜨거운 포옹은 누구도 지켜주지 못하고 지나갔다 한 계절에서 다른 계절로 지나가는 사이 유배의 얼굴들은 멀리서 왔다 갔다 숟가락들이 부딪치던 밥상도 늙어버린 추억처럼 없는 일이었다

　달이 태양이 지구가 까마득히 우주의 수십억 년을 견뎌내듯이 사람들은 또 다른 세계를 향해 말하지 않아도 침묵으로 유물로 닮아갔다 먼지로 시작해서 먼지로 끝나는 외롭거나 혼자라는 저쪽을 생각하면 작은 돌멩이조차 함부로 걷어찰 수 없었다

　사람이 사람으로 돌아가고 아득해지고 눈에 보이지 않는 것들이 피할 수 없는 사이가 되어 도착하고 그럴수록 벼랑 끝 꽃에서 꽃으로 누군가 눈빛에서 눈빛으로 멀리서 혼자 피는 계절이 필요했다

제3부　한 사람의 꽃

안부

1
당신은 봄의 곁눈질을 맞닥뜨린 듯
갑자기 눈이 욱신거린다

흔들리는 방식으로
슬픔의 안과 밖이 느껴지듯
나무들이 흰 뼈를 이야기한다

오래도록 이별하는 일처럼
길이 멀리서 흐릿해지고
무덤마저 은신처를 지우는 것처럼
비가 내린다

봄이 입을 벌린 채로
저 멀리 비탈길을 지나가지만
당신의 걸음이 보이지 않는다

눈물이 두근거릴 때마다
당신을 나무의 높이에서 기다린다

2
열여덟 살 처녀가 강 건너가
한 나무가 자라는 것을 지켜본다

당신이 오늘이고 꽃이고 봄이고 목숨이고
그런 날이 있었다

혈육처럼 잎사귀를 흔드는 산딸나무
이마 위로 빗방울이 차가워질 때
죽음이 빛나는 순간이다

3
물가에 등을 구부린 채
어둠에 닿는 것들이 흩어져 있다

강물도 사람처럼
먼 곳이 되기도 한다

먼 길을 걸어와

따뜻한 체온이 닿는 그곳,
낮은 구름처럼 당신을 들여다본다

중력

 눈물이 나는 밤은 새벽보다 빨랐다 한 사람의 마음이 또 하나의 물방울로 무거웠다 밤은 소리 없이 굴러가기 위해 둥글었다

 오래 견뎌낸 호흡이 뭉쳐져서 악몽을 씻어낼수록 얼굴을 잃었다 서로는 극명하게 길을 지우고 지웠다 눈물은 슬픔의 줄임표를 위해 느낌표와 식별되었다

 물길을 따라 걷던 날은 습관처럼 등이 구부러졌다 눈으로 말을 하는 사람을 만나고 오는 길에 입으로 말을 하는 사람과 부딪쳤다 그런 날은 사람을 씻어내려고 끈질기게 울었다

 몸에서 빠져나간 슬픔이 유리처럼 눈물들이 바닥에서 부서지고 흩어졌다 그것들이 다시 슬픔으로 들고 일어날까 봐 다 자란 울음으로 자꾸 눌렀다

 눈물이 뼛속까지 핥으면서 무거워질수록 우리는 새벽처럼 투명해지고 있었다

한 사람의 꽃

저물녘 들꽃을 안고 숲으로 들어갔다
당신으로부터 까마득하지만 지나간 자리마다

한 사람을 불러내듯 잎사귀들이 일렁거렸다
갈참나무들 어깻죽지로 우는 걸 보았다

울 수 있다면, 오래전부터 사랑이라 불렀다

깊디깊은 어딘가 꽃이었다는 것으로
한사코 꽃길 따라 떠나갔지만

어릴 적 책갈피 같다는 생각

한 사람이 찾아오지 않을 때처럼
저녁 나무들 거미줄처럼 죽은 빛을 끌어안았다

꽃은 태어나 흙으로 돌아갈 때까지
한 사람을 품고 사는 것

한 사람의 꽃이 무덤 곁에서 두근거렸다

누우면 아득해지는 꽃자리
한 사람 밖에서

저 혼자 환청이 되는 꽃도 있었다

아버지

잎을 빼앗긴 나무처럼 낮아지는
어둠으로 한 사람의 생활이 구름이다

구름을 어깨에서 내려놓는 일이나
가을의 낮은 자세를
몸으로 옮겨 놓는 일은 나무들이다

숲 가득 구름을 모아둔 나무를
맴돌다 간 사람이 될까 봐
비가 내려도 그대로 빗소리로
느낌표로 서 있다

한 사람이 물살을 거슬러 오르는데
오늘까지 물소리를 듣는다
두렵고 불안하고 강물의 가까이서
얼굴이 자꾸 뭉개지는 사람이 있다

구름은 생활이 될 수 있다
이곳은 안갯속인데 구름인 것처럼
한여름인데 한겨울로부터 무기력에 이끌리듯

구름이 거짓말처럼 버티고 있다

나는 종종
구름을 읽지 못해 일어나는 일로
남은 자로 가계를 버티는 일로
등을 구부려 국밥을 먹는다

구름이 어깨 위에 있다는 건
생활이 될 수 없다고 그날도 아버지는
구름을 구하지 못하고 돌아가셨다

그래도 구름을 용서하는 사람은
아버지가 유일하다

나무의 체위

무너질수록 아버지라는 방아쇠를 당깁니다
당장이라도 물속으로 뛰어들어 갈 듯
한 나무가 몸이 기웁니다

이미 몸의 절반이 수면에 잠겨 있는 사람처럼
뿌리를 숨기고

이 하루가 지나면 죄책감이 퍼덕거리고
모든 게 무너질 것 같습니다

죽을 만큼 누군가를 생각해 보다가
거기 길지도 않을 나무의 그림자로만 기다리고

그늘 아래 빛바랜 잎사귀를 쓰다듬습니다
이 고요는 우리의 무릎뼈의 자리

검은 숲 밖으로 새들이 날아갈 때마다
알 수 없는 주름들이 엉겨 붙습니다
누군가의 얼굴을 물려받고 있습니다

얼굴이 터질 것 같아 숲을 간신히 빠져나와
나는 심장을 따라 걷습니다

발아래 나무 그림자 그 침묵이 깊은 곳
뿌리 밑에 유골을 둔 채 돌아섭니다
등 뒤로 잎사귀들이 지상의 길을 지웁니다

몽상가의 발굴

지층은 몽유와 사색에 닿아 있다
새의 그림자가 굳은 세상
잎사귀를 닮은 날개는 시간과 싸움이다

나는 눈꺼풀을 반쯤 닿은 상태에서
층위의 세계를 들춰본다
내면의 붓질로 시간과 어둠을 벗겨 낸다

한 줄기 빛이 부리 끝에 닿는다
완성의 시간은 날개를 흉내 낸 빛으로
쏟아진 영혼과 대적할 수 없다

새의 궤적을 돌고 도는 일이
허공의 죽음을 지상에 옮겨 놓는 일이
시작과 끝이 함께 고여 있을 뿐인데
산 것도 죽은 것도 바람에 닿아 있다

수 세기 전 영혼을 수습하는 일은
새의 슬픔에 닿는 일이며
오래전 행성에 도달하는 방식이다

퇴적층에서 발견된 검은 날개에는
하늘 밖의 날개가 찍혀 있다

오늘도 새들이 옮겨 오는 시간
나는 땅에 닿지 않는 발을 믿어야 한다

불면

태풍이 지날 때마다 우울을 조율한다
우리는 구름을 보란 듯 무채색이다

절반이 진흙탕에 잠긴 흑백사진처럼
밤은 잡념이 전부다

누군가의 흉터처럼 빛나는 불빛들
눈부신 폐활량을 자랑하지만
들꽃을 눈앞에 두고도 수동적이다

폭풍우가 풍경을 자른 것도 아닌데
야생의 호흡이 군락을 이룬다

나는 구름 속에서 변색되고 너는 창백하게 살아남는다
어둠 덕분인지 허기 때문인지 잠이 없다

서로 모른 채 떨어져서 흐린 문장을 깜박거리며
이곳도 저곳도 신호등에게 의미 없는 밤

어느 곳을 만져도 아프다

그러니까 나는 체력이 다할 때까지 구름을 뜯어먹는다

그날 밤도 모자를 벗으면
꿈 밖에서 견디는 사람
무중력의 호흡법으로 당신을 끌어당긴다

구름의 내부를 중얼거리는 중이다

산책자

나는 나에게 돌아오지 않기 위해

한순간도 멈출 수가 없다

손수레에 끌려가는 길목에서

등을 두드리는 빗줄기를 만난다

나는 나에게 돌아오지 않기 위해

이름을 지우고 얼굴마저 지우고

분리수거장에 몸을 밀어 넣고

구겨진 페트병으로 스며든다

몸이 낮게 낮은 곳으로

물길 그 끝을 모르듯

모든 계절이 몸에서 물로 풀어지고

나로부터 너에게

폭염이 결빙으로 이어지고

나는 나에게 돌아오지 않기 위해

알몸으로 온몸을 흔들며

나뭇가지를 떠난 새처럼

바람결 따라 아득해지고 희미해지고

해방

흰 바람이 분다
벌레 먹은 것들이 죽은 잎들이 굴러간다

어느 식탁의 곁에서
낡은 소파의 무릎 위에서
모두의 침대이었을 바닥에서
파고든다

한때 그것들
높은 의지에 매달려 흔들리는 것이
바람 때문인지 나무 때문인지
모르는 듯 쓸려간다

장마를 지나온 물살처럼
그 흔들림이
밤낮없이 알몸으로 토로한다

의식 밖에서
오래전 어둠에서 빛이 스며드는 것

흰죽 그릇 아래로 뿌리를 뻗고 있는
겹겹의 걸음들

쓸쓸히 의자 곁에서
시월 바람에 누가 지나간다

알바

그녀의 길은 계곡에서 비탈로 이어졌고
몸은 뼈에서 계단으로 뻗었다

무거운 먼지를 닦기 위해 그녀는
매일 매트리스에서 뒹굴었다

가끔 고양이들이 그녀의 그림자를 밟고 지나갔고
머리카락은 악착같이 돌돌이에 달라붙었다

내일의 길을 만들기 위해
그녀는 캐리어 곁에서 면발 끝에서 매달렸다

이따금 소리 없이 지나가는 민들레꽃
그녀를 깊숙이 찔러 보았으나

그녀의 과거와 현재는 오래된 객실
계절과 통증과는 무관하게
하나의 얼음 조각이 입에 물렸다

아무 일도 아닌 듯 부어오른 손마디

그녀가 사라져도 남는 것이 있었다

더는 닦을 수 없는 계단과 침대
맑은 유리창과 고양이 울음소리

모든 바닥에서 출렁거리고
더는 바닥이 없는 그녀의 바다

젖을 것도 마를 것도 없는
걸레, 그 컴컴한 뿌리를 안아 주었다

원근법

새 한 마리처럼 스윽

두 사람이 한 날개로

새장 안으로 들어갔다

차가운 무덤이었을

어디쯤 벚꽃이 날렸다

부유하는 것들의 수런거림

간간이 허공이 매달린 채 새는

바닥이 닿지 않아 흔들렸다

한낮의 비행은 정적보다 짧았다

바람이 불지 않아도

맨몸으로 새들이 멀리 날아갔다

플랫폼

지구상의 자전 중인 슬픔을 떠나보내고 싶다

한 조각 반짝이는 은빛 머리카락이 전부인데 당신은 꽃병처럼 그림자에 묶이듯 온몸을 던져 침대에 누워 있다

이렇게라도 하지 않으면 녹아 버릴 것 같아서 지구의 눈물이 바닥난 플랫폼에 갇혀 있어서 마른 꽃이 꽃병에 뿌리 뻗을까 봐 눈도 입도 코도 귀도 없는 모자를 대신해 유리잔처럼 보내야 했다

바람 따라 기차는 떠나고 먼지처럼 흩어졌다 어떤 이름을 행선지처럼 중얼거리며 투신하듯 은빛 레일로 빨려들었다 티슈 한 장 없이 당신 그림자를 관통했다

기차는 달빛 터널을 당기면서 날아다니고 불빛이 보이지 않는 곳에서도 종이학의 잔해를 간직했다

지구상의 통유리를 가득 채운 출발과 도착 당신은 외길의 기억을 찾아서 떠났다 몸 밖으로 마침내 돌아갔다

내가 아는 슬픔도 살아 있어 떠났다 나는 떠난 눈빛으로만 살아서 죽도록 되새김질했다

등장인물

처음과 끝을 끌어당기며
운다

다른 세상 밖에서
피로 얼룩진 알몸으로
사납게 운다

한 번도 본 적이 없는
미래가
한 번도 만난 적이 없는
사람을 파먹으며
운다

마침내
세상을 미래를 움켜쥐고
젖을 빤다

사람을 통째로 삼키듯
피가 심장으로 퍼지며
무섭게 갈라진다

울음이 사람을 우주로
두근거리고
휘어진 뼈를 문지르고

또 하나의 세계를 본다

수목장

새들은 살기 위해
높은 곳에서 바람으로 산다

아버지가 높이 날기 위해
바람 부는 곳에 둥지를 튼다

바람도 높은 곳을 향해 달려가고
새들도 그곳에서 흔들린다

바람은 새들의 아버지
아버지가 바람을 견딘 나무를 고른다

악천후에도 견딜 수 있게
나무들 바람으로 둥지를 만든다

아버지란 바람으로 거처로 삼아
바람 속에 하나의 뼈마디를 세우는 것
아버지는 온통 바람의 발원지다

아버지 뼈에서 가장 큰 대들보는 바람이다

바람만이 모든 것들의 몸이며 둥지다

무장 해제

나무들이 서로 상처를 들썩이며
바람을 지나고 나면

불가능 너머의 너머를 보는 것만으로
나무들은 결빙과 협상 중이다

주름을 잡아당기며
봄은 먼 밖으로 길을 내어 주고

죽음 앞에서 뼈마디에도 봄날이
올지도 모른다고

아무에게나 이것도 저것도 봄이냐고
자꾸 물어서
침대를 창가로 옮겼는데

바람 부는 창문도 눈 내리는 개울도
요양원 꽃밭도 함께
꽃을 당기고 나비를 부르지만

심장이 매우 짧은 시간 동안
사람을 붙들고 다독일 때
통점은 사람을 증명하는 일로 분주하다

창

벽에 등을 대고 짐승처럼
유순해지는 것이 있다
안인지 밖인지

입을 벌리고
달이 조금씩 출렁이는 바람
나뭇가지 보고도 못 본 척

그때 붙잡아 두고 싶은
온기처럼
순간이었다가 흐려지는 풍경이

비울 대로 다 비운 가슴이어서
당신이 울음이 그칠 때까지
입을 크게 벌리고 우물거리고

기다려주는 것이 있다
바람이 굴러가는 길을 서성이는
나무들처럼

체위들이 흐릿하게
모였다가 흩어지는 자리에서
서로에게 비우면서 빛나는

경계의 중심에서 바깥으로
새들이 세상 어딘가로
사라지면서

충혈된 환영幻影을 쓸어 담는
그리하여 어둠을 향한 눈빛이
당신의 창이 되는 걸까

제4부 사건의 지평선

환절기

1
새벽보다 익숙한 속으로
내가 아닌
오전 3시 59분경

당신은 잎사귀를 떨어트린
화분 속 올리브나무

손톱이 자라는 속도로
운명을 증명하고 있다

2
알레르기가 시작될 때처럼
콧구멍을 찌르고 들어오는
어젯밤의 달

투명해지기 위해
시간보다 앞서가기 위해

타인의 몸짓은
달의 끝에 매달려 있다

3
풍선처럼 방 안은
마스크를 쓴 감각과
물약의 사유만이 부풀고 있다
한결같이

뼈만 남은 벽에서
시한폭탄처럼 괘종시계가

상상력의 무덤 속으로
뛰어내린
얼굴들을 찾는다

4
새벽 고요는 또렷해지고

눈이 내릴 때처럼
불우의 발자국이
뿌리처럼 벗어나 기다린다

발굴된 어둠보다 희미한
불빛이 구멍마다 입술을 대고
입김을 불어넣는다

5
투명해지기 위해
검은콩 같은 슬픔을 위해

구멍에서 풀려나오는
당신이 차가운 환절기다

나는 수용성이다

1
나는 물에 닿으면 몸이 파래지고 물감처럼 풀어진다

나는 물에 씻겨 나가는 게 좋아서
젖은 얼굴을 내 모습이라 믿고 따른다
비가 올 때마다 물의 흐름을 따라가면서
그곳을 벗어나 물의 흐느낌을 들으려 한다

나는 바위처럼 어딘가로 돌아가고 있다고
눈에 보이지 않을 만큼씩 무언가
물살에 쓸려 가고 깎여 나가는 게 있어서
강을 따라 걷는다

강물 따라 걷다 보면 길을 놓치고
흘러가다 보면 나를 놓치고 너마저 잊어버린다
얼굴에 맺힌 땀을 쓸어 담으며
어떤 말이나 생각이 나오지 않을 때
나는 그늘의 물을 마시고 침을 삼킨다

2
내 몸은 자주 물을 먹어서인지
멍든 사람들로부터 나도 모르게 풀어지고
그 사람들이 여름의 그늘을 지나고 있다고 생각한다

나는 물도 좋아하고 술도 좋아해서
그것을 내 앞에 가장 먼저 세운다

가끔 장맛비처럼 쓰러져 울음을 받아내고
서러움에 흩날리고 바닥에서 응시한다

나에게로 스며든 것들을 껴안고 토닥이다가
함께 끝날 수 없음을 안은 채 잠이 들곤 한다

그런 나는 물을 좋아해서
목마른 사람 사이에서 물이 되길 바라지만
지금은 영영 물이 되어 마누라마저 첨벙댄다

어느 해 이맘때쯤
나는 죽은 형님을 물살에 풀어주고

흙이 쓸려 나간 곳에서
낯익은 얼굴들을 들여다보고 있다

강가에는 약속이나 한 듯 어제도 비가 내리고
몸이 파란 그곳으로부터
먼저 씻겨 나간 얼굴들이 발광發光한다

꽃을 물고 떠나는 새여

뒤돌아보지 말고 가거라

동백꽃처럼 바람길로 훨훨 떠나거라

저 홀로 꽃피우던 날개로

죽어서도 땅 위에서 꽃피우지 말거라

날개가 보이지 않는 심연은 무엇인가

그곳으로 다다를 수 있다면

천년 날개의 울음도 바람길에서 빛나거라

나는 너의 휘청거리는 몸짓을 올려보네

그 몸짓 어딘가 붉은 피가 날리고 있네

더 높이 더 멀리 날아가거라

나는 봄나무 아래서 꽃잎처럼 부서지듯

흩어진 사랑을 기다리는데

불안공화국

어제는 코로나가 의심되는 삼겹살을 먹고 집으로 돌아와 막걸리를 의심했다 누가 몸에서 새어 나오는 한숨이 땅에 닿자마자 개가 짖었다 개가 깔고 앉은 그늘의 방향대로 저녁이 지나갔다

눈을 부릅뜨고 짖어대는 불안 앞에서 나는 개를 개는 나를 의심하기 시작했다 너무 어두워서 흰 이빨로 돌아갈 수 없다고 또 개가 짖었다 개 눈에 가득한 사내의 독방은 한기와 뒤섞여 가고 뼈를 드러낸 생애와 맞닿아 있었다

죽음처럼 보이지 않게 컨테이너 밑에서도 잡초와 같이 태어나는 고양이 새끼들이 있었다 엉성한 고라니망으로 울음을 보호하는 곳에서도 땅굴을 파내고 닭모이를 뺏어 먹는 족속들이 근근이 있었다

사내의 공화국에는 국적 없는, 이름 없는, 집 없는, 부모 없는, 울음들로 가득 찼다 그것들이 불안으로 돌아갈 수 없어서 고속도로 다리 밑에서 함께 살았다

작년에는 첫눈이 불안처럼 쌓여서 공화국의 지붕들이 보

이지 않았다 드디어 지붕도 바닥이 되는 불안한 날이 있었다

　불안은 불안을 위해서만 태어나고 개와 고양이의 눈빛에도 눈이 파묻혔다 그해의 일이었지만 아름다웠다

　사내는 봉분 같은 그곳에서 목숨을 걸어 놓고 개소리가 세상 밖으로 들리지 않을 때까지 지워졌다 공화국의 울음소리가 고드름처럼 매달릴수록 밤이 가팔라졌다

브리슈치카*

전갈이 아름다운 건 맹독과 함께한 시간이 가득해서일까 어떤 독기에 둘러싸여 사는 건 무언가 버텨 내고 있는 것처럼

한 해의 믿음이 떠나고 또 한 해가 통제되었다 그녀는 물 한 모금도 넘기지 못할 자세로 몸 안 가득 통증으로 살아가는 사막의 전갈이었다

불빛 아래 사과 하나를 접시 위에 가둬 놓고 숙연해지는 그녀 모래바람을 두려워하지 않았으므로 모든 우주의 기운을 받아낼 수 있었다

손에서 발로 입에서 마스크로 옮겨 가는 몸의 중심은 수평이 맞지 않는 식탁 같았다 그녀는 끈질긴 휴업과 기발한 대타를 찾아 언제나 전갈의 그림자를 만들었다

수업이 깨질 때마다 불완전한 그녀의 폐활량은 줄어들었고 비틀린 몸을 뒤집어쓰듯 모자를 눌러 쓰는 버릇이 생

겼다

    척추의 그림자는 한 방향으로만 기울고 그녀가 할 수 있는 일은 창의적이지 못한 체위를 유지하고 선택하는 것이었다

    모래 알갱이 같은 그녀의 삶은 손끝부터 발끝까지 바이러스처럼 강자의 법칙으로 옮겨 가고 균형을 잃어 가고 있었다

    몸에서 몸으로 모든 마스크가 고통에서 발버둥치는 어느 날 그녀는 전갈의 침을 세워 자신의 손목을 찔렀다

    유일하게 맹독의 호흡과 자세는 그녀의 본성이었지만 어딘가에서 불이 꺼져갈 때 그녀의 몸은 관대해지고 있었다

---

* 전갈을 뜻하는 산스크리트어.

오이넝쿨

 무엇이 엄마를 불러내는 것일까 당신 가슴이 두근거릴 때마다 정류장을 찾는 것이 버스가 보일 때마다 손을 흔드는 것이 끼니를 거르면서 숟가락을 물고 늘어지는 것이 무엇일까

 흔들리며 어딘가 떠나려고 손아귀에서 멀어지려고 제 그림자를 거두는 일일까 버스가 보이지 않을 때까지 어느 곳인가 기별을 전하려고 손을 흔드는 것일까

 끊어진 신경망으로 손금 같은 노선도를 찾아야 하는데 아무리 눈을 감았다가 떠도 오이넝쿨만 신작로로 뻗어 가는데 그래서 엄마는 몸집보다 큰 그림자를 끌고 바동거리는데

 아무도 모르게 흔들림에 업혀서 천천히 흘러가는 저녁, 길에서 누군가 노란 오이꽃으로 일어난다 엄마는 놓친 손을 찾는 것이다 기어서라도 손금이 사라질 때까지 구부러진 손 하나를 찾아가는 일이다

 죽은 길을 살려내듯 손사래를 젓는데 숨소리 거칠어지며 붉은 핏물이 능선에서 쏟아진다 끝까지 길 밖으로 몸 밖으

로 쓰러지지 않으려는 듯 맨발을 딛고 오이 손아귀를 완성하는 중이다

사과의 시간

분노가 바닥난 듯 움직임이 없다
균열의 숨소리가 등에서 분리된다

제 몸을 채록하는 흉터에
칼끝이 찍힌다

죽은 심장이
날개의 관성으로 떠오른다

열매의 무게만큼 눈물을 밀어내며
조금씩 천천히 지나간다

사과는 물리기 위해서가 아니라
물기 위해서 매달린다

사과는 매달기 위해서가 아니라
떨어지기 위해 익어 간다

사과는 이쪽에서 저쪽으로
새의 붉은 심장을 밀어 넣는 것

서로 갈라진 벽을 곁에 두고
차오른다 쏟아진다

흑백사진

 한 사내가 기타를 치고 있어요 허공에서 목소리는 어디론가 멀어지고 찢어져요 그는 시집을 읽을 때도 즉흥적으로 중얼거려요 오래전부터 그는 울음을 참아왔는지 눈동자에 간신이 매달려 있어요

 가을밤이 돌아가야 할 때 따뜻함을 떠올리려고 누군가 홀로 떨고 있어요 사내는 기타를 위해 까닭 없이 노래를 부르지만 여전히 비명에 닿아 있어요

 무수한 술병들이 쉽게 머물다 지나가고 멀리 와서 다정한 얼굴들을 뒤집어쓴 채 밤이 굳어 가는데 한 사내가 기타로 울어요 한꺼번에 쏟아지는 울음 때문인지 웃자란 풀들이 쓰러져요

 쓰러져서 가을이 된 마음으로 눈을 뜨지 않는 사내 누구도 묻지 않는 감정을 고양이가 혀로 핥아 주고 있어요 사내의 감은 눈은 언제나 같은 노래를 부르지만 늘 새로워서 떨려요

 달에서 지내는 시간들은 같이 노래를 불러도 터질 듯 외

로워요 기타 때문인지 노래 때문인지 술 때문인지 그날의 달 때문인지 층층나무 잎들이 흩어져요

　서로는 서로를 지나가고 돌아보면 흩날리고 잎사귀들이 바닥을 부둥켜안고 때론 까닭 없이 아득해지는 어느 날에도 빛나는 눈물로

　문득 여행자처럼 달에 끌려와 떠날 줄 모르고 출렁거려요 우리는 잊힌 기억의 빈 가지에 손을 뻗어 꽃을 달아요

징후들

이름 모를 벌레 하나가

땅바닥에서 뒤집혀 발버둥 치고 있다

그렇게 팔다리를 움직이는 게 사는 일인지 죽는 짓인지

바닥을 등에 지고도 일어설 수가 없다

일어서지 못하면 어떤 식이든 불행은 등으로 몰린 채

아교질의 시간을 버텨 내야 살지도 모르는데

벌레 하나가 길에서 사라질 때 상수리나무가 흔들린다

살아 있어 흔들리는 건 등이라는 생

죽어서 흔들리는 건 바닥

사는 것들이 모두가 죽으며 산다

영원한 등짐이 무거워서 바람이 불뿐

저녁 해를 굴리는 듯 춤추는

저 체위는 밤이 찾아올 수 없다

겨울이 기다리는

길에서 등은 어딘가로 휘어져 있다

첫눈을 보았다

1

나는 그곳에서 손을 잡았다
깊숙이 숨어 있어서
흰 눈이 닿지 않는 자리에서
너를 만났다

그동안 버텨 왔다는 듯 눈송이가
손을 이끄는 것을
그날은 멀리까지 떠나고 있었다

2

캄캄한 곳이어서 우리는 길을 잃었다
이불을 뒤집어쓴 채 어디로든 날아갔다
눈발이 빗줄기처럼 쏟아지기도 하고
한 사람이 한 사람에게 진눈깨비처럼 얼어붙었다

흰 유리창은
아무에게나 고백된 풍경이어서 차가웠다
우리는 흰 눈이 있어서 펑펑 울기도 했다

눈보라 치는 여행은 계속 그곳에서 두근거렸다

3
눈이 그치고
눈 위에 써 내려간 이름을 찾아보았지만
거기 무엇도 없었다

나는 차가운 손바닥을
눈 속에 다시 집어넣었지만
그곳에서 슬픔의 눈사람이 자랐다

4
우리는 너무 많이 걸어서
뜨거운 얼룩을 찾아내지 못했다
밤새도록 두꺼운 이불에 내려앉은
눈이 있어서 서로는
양말까지 벗어도 누구인지 몰랐다

언젠가 첫눈이 그쳐서 슬퍼진다는
서로는 말없이
얼음의 등으로 걸었다

그날, 첫눈은
비릿한 얼음을 씹으면서
붉은 피가 보이지 않게 사라졌다

봄날의 바이러스

검은 태양이 뜬다 겨울보다 어두운 봄날 꽃들은 앰뷸런스로 배달된다 위장된 삶과 포장된 죽음이 커튼 사이로 변주하는 세계를 보게 된다

눈에 보이지 않는 것들이 지배하는 세상 봄은 봄대로 꽃은 꽃대로 누군가의 마스크를 내민다 어떤 장면은 마치 꽃이 바이러스인 것처럼 유순한 인간들은 아무 물음도 없다

불안의 배후에 대해서 인간만 모르는 듯 마스크 밖은 수직 벼랑이다 몸 안에서 누군가 우리를 조종하고 기침이 멈추지 않는 것처럼

한 번도 본 적 없는 은신처를 저마다 얼굴에 달고 입이 없어진 사람들 보이는 것 같으나 보이지 않는 존재와 침묵, 그것들이 깜박거리는 것

바이러스 꽃들이 날리는 봄날 묻는다 마스크에 갇혀서 슬픈 일이 있냐고

사건의 지평선

그것들은 내가 도달할 수 없는 빛이었다
땅 위에 드리워진 큰 그림자로 핏자국에 끌리듯이

나는 그것들의 몸짓으로 빛의 죄책감 없이
기억들을 주억거리는 사실을 알았다

그때마다 몸을 가로지르는 흔적
타협적 포옹이라 생각했다 타인으로

차갑게 달콤하게 부드럽게 보내 달라고
꽃은 최소한의 몸짓으로 지나가고 있었다

열매가 달리지 않는 꽃일수록 향기가 진했으므로
침대 머리맡에서 멀리 두고 지냈다

육신의 꽃이란 죽음이자 부재의 뼈다귀
흰 머리카락을 벗어 놓은 몸은 바람이었다

몸에서 떨어져 나간 것들은 맥락 없는 문장
비로소 바람 끝이 보이지 않았다

분명한 것은 깜박이는 불빛
사건의 얼룩을 정확히 보여 주는 표식이었다

나는 몸으로 써 놓은 시집을 읽을 수 없었다 그럴 때마다
감정이 옛 편지이기를 바랬다

무채색 인물화를 생각했다
몸은 몸에서 있었던 흔적들을 기억하고 있었다

자궁이 아이의 자국을 보존하는 것
안쪽에 최선인 듯 서 있는 고무나무

주파수처럼 스산하게
몸에서 떨어져 나간 것들이 겹쳐지고 있었다

모든 밤에 갇힌 채

당신은 물을 껴안고 물 안에서 비스듬히 누워 있다

머리카락이 누군가에게 흘러가고 눈앞에서 서서히 눈동자가 풀리고

불면과 밤비가 불빛처럼 생생해지고

거울은 점점 자신을 믿을 수 없는 눈으로 보고 있다

아열대의 습기처럼 신음이 옮겨 가고 파묻히고

퉁퉁 부은 얼굴로 물안개 같은 흔적을 집요하게 찾고 있다

당신은 물방울에 갇힌 채 거품을 감지하고 있다 주름진 얼굴에서

눈 안에서 눈 밖으로 당신은 흩어지면서 그 얼굴을 견딘다

당신은 뼈가 드러나도록 밤을 걷고 있다

바람이 불고 칠이 벗겨진 창문처럼 당신은 밤이 무성해진다

무언가를 벗어나려고 낮은 달빛이 좋아서

얼굴 아닌 것들이 물 안에서 물 밖으로 도착한다

해 설

자아에게 돌아오지 않는 산책자

송기한(문학평론가)

1.

한성희 시인의 이번 시집은 세 번째이다. 일찍이 시인은 『푸른숲우체국장』과 『나는 당신 몸에 숨는다』를 펴낸 바 있기 때문이다. 시인의 시 세계는 몇몇 평자들이 지적한 것처럼 '본질적 자아'가 무엇인지에 대한 집요한 탐색으로 이루어져 있는 것이 특징이다. "분열된 주체를 인정하고 자아를 타자화하는 과정을 거쳐 궁극적으로는 나의 근원을 탐색하는 시적 여정"이라고 규정되고 있는 것이다. 이전에 나온 시집이나 지금 상재하고자 하는 시집을 꼼꼼히 읽게 되면 기왕에 내려진 그러한 가치평가들이 전혀 근거가 없는 것임을 알게 된다.

지금 자아 앞에서 자아를 정의하고 규정하는 개념이랄까 대상은 아무것도 없다. 그러니 자아가 추구하고자 하는 것이 무엇인지도 명쾌하게 드러나 있지 않다. 그러한 까닭에 "나의 근원을 탐색하는 시적 여정"이라는, 그의 시에 대한 가치평가가 정당한 것이라고 보기는 어려운 일이다. 시인이 이번 시집의 제목을 『모든 밤에 갇힌 채』라고 한 것도 이와 관련이 있다. 밤이란 방향성의 상실과 밀접한 관련이 있는 이미지이고, 그러한 상태의 지속이란 새로운 단계를 예비할 수 있는 근거의 부재와 분리하기 어렵게 얽혀 있는 것이기 때문이다.

2.

당신은 물을 껴안고 물 안에서 비스듬히 누워 있다

머리카락이 누군가에게 흘러가고 눈앞에서 서서히 눈동자가 풀리고

불면과 밤비가 불빛처럼 생생해지고

거울은 점점 자신을 믿을 수 없는 눈으로 보고 있다

 아열대의 습기처럼 신음이 옮겨 가고 파묻히고

 퉁퉁 부은 얼굴로 물안개 같은 흔적을 집요하게 찾고 있다

 당신은 물방울에 갇힌 채 거품을 감지하고 있다 주름진 얼굴에서

 눈 안에서 눈 밖으로 당신은 흩어지면서 그 얼굴을 견딘다

 당신은 **뼈**가 드러나도록 밤을 걷고 있다

 바람이 불고 칠이 벗겨진 창문처럼 당신은 밤이 무성해진다

 무언가를 벗어나려고 낮은 달빛이 좋아서

 얼굴 아닌 것들이 물 안에서 물 밖으로 도착한다
―「모든 밤에 갇힌 채」 전문

 서정시가 일인칭 고백의 장르임을 전제하면, 인용 시는 일단 서정시의 그러한 영역을 일정 정도 부정하거나 우회한

것처럼 보인다. 작품의 문면에 드러나 있는 것처럼, 고백의 주체는 '나'가 아니라 '당신'으로 되어 있는 까닭이다. 그러므로 '당신'은 서정적 자아 자신으로 보는 것도 가능하지 않을까 하는 가설을 하게 된다.

자아와 타자의 대립 관계의 설정은 시인이 이전 시집부터 고집스럽게 추구해왔던 서정적 의장 가운데 하나일 것이다. 한 시인에게서 하나의 장치라든가 이미지가 계속 드러난다는 것은 전략적인 의도를 떠나서는 성립하기 어렵다. 그러니까 시인은 자아를 타자화시키고, 거기서 자아를 회감하고자 하는 서정의 의도를 드러내고자 했던 것이 아닐까 한다.

실상 자아가 무엇인지를 알고, 이해하는 가장 좋은 수단은 이를 객관화시키는 방법이다. 자아의 이타성화, 곧 타자화가 바로 그러하다. 이럴 경우 자아는 정합적이든 혹은 이를 다소 우회하든 어느 정도 객관화의 위치에 올라서서 조망할 수 있기 때문이다.

「모든 밤에 갇힌 채」의 자아는 지금 타자화된 자아인 '당신'을 똑바로 응시하고 있다. 자아가 바라보는 당신의 행보는 지극히 과학적이고 객관적인 형상이 담보되지만 '당신' 자체는 자아의 그러한 엄정한 태도랄까 정서와는 다소간 거리가 있는 것처럼 보인다. 스스로에 대해 정의되거나 규정되지 못하고 계속 유동하는 존재로 구현되고 있기 때문이다.

여기서 적절한 시니피에 정착하지 못한다는 것은 '당

신'의 정체성에 대한 모색의 과정일 것이다. 그리고 그러한 모색에 엑셀 역할을 하는 것이 '물'의 이미저리이다. 물이란 흐름이고, 그러한 까닭에 무정형이며 비개념적이다. 어떤 정형화된 틀이 없기에 계속 흔들릴 수밖에 없다. 서정적 자아는 그러한 물의 속성에 기대어 '당신'의 정체가 무엇인지 모색하고, 그 개념적 정의가 어떤 것인지에 대해 탐색하고자 한다. 그리고 그러한 과정이 일회적, 단속적인 것이 아님은 다음의 구절이 잘 말해준다. "퉁퉁 부은 얼굴로 물안개 같은 흔적을 집요하게 찾고 있다"와 같은 감각적인 이미지라든가 '뼈'와 같은 죽음의 상징을 통해서 이를 확인할 수 있기 때문이다. 이 형상을 목도하게 되면, '당신'이 그 자신을 정립하고자 하는 과정이 어느 한순간의 자의식적인 결단에 의해 이루어진 것이 아님을 알게 된다.

타자 속에 형성되는 자아, 그리고 그러한 자아가 갖고 있는 정체성이 무엇인지를 모색하는 서정적 자아의 치열한 노력이 한성희 시인이 갖고 있는 시의 전략적인 주제일 것이다. 자아에 대한 이런 단면은 실상 우리 시사에서 매우 예외적인 면은 아니다. 자아와 타자 사이에 놓인 갈등과 대립은 우리 시사에서 영원한 주제 가운데 하나였다. 이런 단면은 일찍이 이상의 작품에서 확인할 수 있었고, 윤동주의 시에서도 단골 주제 가운데 하나였다. 이런 단면들은 1950년대 조향의 시를 거쳐 1980년대, 1990년대에 이르기까지 계속 서정화되었다. 이런 주제의식들은 대립과 갈등, 그리고 그 정합적 승화라는 자아의 통일성을 향한 도정에 헌사

되었다.

  하지만 한성희 시인의 시에서 모색되는 자아의 형상은 기왕의 그러한 시도와는 한 걸음 비껴서 있다는 데서 그 특징적 단면을 찾을 수 있다. 그는 자아와 타자, 곧 본질적 자아와 이상적 자아의 타협이나 합일에 대한 정서에는 관심이 없다. 그에게 타자란 자아의 정체성이 무엇이고 그것을 이해하는 도정으로만 서정화되기 때문이다. 그의 시를 읽으면서 자아의 구경적 실체가 무엇이고, 거기서 어떤 정형화된 틀을 기대하게 된다면, 독자의 예상은 여지없이 무너지게 된다. 그러한 당혹감은 그의 시 세계 속에 있는 동안 계속 진행된다.

3.

>나는 나에게 돌아오지 않기 위해
>
>한순간도 멈출 수가 없다
>
>손수레에 끌려가는 길목에서
>
>등을 두드리는 빗줄기를 만난다
>
>나는 나에게 돌아오지 않기 위해

이름을 지우고 얼굴마저 지우고

분리수거장에 몸을 밀어 넣고

구겨진 페트병으로 스며든다

몸이 낮게 낮은 곳으로

물길 그 끝을 모르듯

모든 계절이 몸에서 물로 풀어지고

나로부터 너에게

폭염이 결빙으로 이어지고

나는 나에게 돌아오지 않기 위해

알몸으로 온몸을 흔들며

나뭇가지를 떠난 새처럼

바람결 따라 아득해지고 희미해지고

―「산책자」 전문

 이번 시집에서 「산책자」가 시사하는 함의는 매우 중요하다. '산책자'란 본디 모더니즘에서 중요시되던 용어이다. 예전과 구분되는 근대의 휘발적 속성을 이해하기 위해서는 무엇보다 다양한 풍경과 사물에 대한 응시가 필요했고, 이를 위해서 다양한 근대 풍물들이 경험되어야 했다. 이런 경험적 갈증을 해소시켜주는 것이 '산책자'의 행보이거니와 가급적 많은 것을 보고 느끼기 위해서는 계속 돌아다녀야 했다. 일찍이 이런 감각을 가장 잘 보여준 작품이 1930년대 구보 박태원이 쓴 소설「소설가 구보씨의 일일」이다.
 '산책자'는 궁극적으로 '거리 산보자'이지만 이를 굳이 풍경이나 사물에 대한 응시로만 한정할 필요는 없을 것이다. 게다가 자아가 무엇인지를 탐색하는 도정에서 스스로를 '산책자'로 규정하는 것은 얼마든지 가능하기 때문이다. 시인은 「산책자」라는 작품을 서정화함으로써 스스로 산책자임을 자임하게 되는데, 그렇다면, 서정적 자아는 무엇에 대한 산책자로 자임한 것일까가 궁금해지지 않을 수 없게 된다.
 서정적 자아는 1행과 2행에서 "나는 나에게 돌아오지 않기 위해/ 한순간도 멈출 수가 없다"라고 말하고 있는데, 시인이 펼쳐보이는 서정의 지평에서 볼 때, 이는 매우 의미심장한, 타당한 선언이라고 할 수 있다. 만약 "나는 나에게 돌아온다면" 서정의 의도와 달리 어떤 일이 일어날까. 약간의 추론이 허용된다면, 자아를 향한 시인의 여정은 여기서 끝나게 될 것이다. 이런 결말은 자아를 향한 치열한 모색을 서정의 본령으로 간주하고 있는 서정적 자아의 의도와는 거리가 있는 일이다. 그러한 서정의 비극을 회피하기 위해 자아는 자아와 대상 사이에 놓인 간극을 좁히거나 혹은 넓히려 하지 않는다. 어쩌면 평행선만이 자신의 시적 의도에 부합하는 최선의 방법일지도 모른다.

지금 자아와 대상으로 구분된 평행선의 양쪽에는 무수한 사물들이 놓여 있다. '손수래'가 있고, '분리수거장'이 있으며 '구겨진 페트병' 또한 놓여 있다. 이뿐만 아니라 '폭염'이나 '결빙'과 같은 자연의 법칙들도 놓여 있다. 어쩌면 이런 사물들은 자아의 정체성이 무엇인지에 대해 일러줄 수도 있을 것이다. 하지만 시인은 그런 개념적 정의나 정체성에 대해 전혀 관심을 갖고 있지 않다. 만약 그러하다면 자아의 실체가 어떤 것인지, 어떤 방향성을 갖고 움직이는지에 대해 파악하게 되는 위험성에 노출될지도 모른다. 하지만 자아가 구체성을 갖거나 고유의 경지에 이르게 되면 자아 모색이라는 거대한 발걸음은 종점에 다다르게 된다. 그것이 시인의 서정의 본령이 아니기에 서정적 자아는 자신에게 돌아오지 않으려 한다. 대상이나 풍경은 있되 그것이 자아가 무엇인지에 대한 이해의 도구, 설명의 수단이 되지는 못하는 것이다. 시인에게는 오직 부유하거나 떠도는 자아만이 있을 뿐이다. 따라서 그러한 자아가 '산책자'가 되는 것은 당연하다. 여기서 산책자는 무엇을 알아보기 위한 산책자가 아니라 "나는 나에게 돌아오지 않기 위한" 산책자가 된다.

1
나는 물에 닿으면 몸이 파래지고 물감처럼 풀어진다

나는 물에 씻겨나가는 게 좋아서
젖은 얼굴을 내 모습이라 믿고 따른다
비가 올 때마다 물의 흐름을 따라가면서
그곳을 벗어나 물의 흐느낌을 들으려 한다

나는 바위처럼 어딘가로 돌아가고 있다고
눈에 보이지 않을 만큼씩 무언가
물살에 쓸려 가고 깎여 나가는 게 있어서
강을 따라 걷는다

강물 따라 걷다 보면 길을 놓치고
흘러가다 보면 나를 놓치고 너마저 잊어버린다
얼굴에 맺힌 땀을 쓸어 담으며
어떤 말이나 생각이 나오지 않을 때
나는 그늘의 물을 마시고 침을 삼킨다

2
내 몸은 자주 물을 먹어서인지
멍든 사람들로부터 나도 모르게 풀어지고
그 사람들이 여름의 그늘을 지나고 있다고 생각한다

나는 물도 좋아하고 술도 좋아해서
그것을 내 앞에 가장 먼저 세운다

가끔 장맛비처럼 쓰러져 울음을 받아내고
서러움에 흩날리고 바닥에서 응시한다

나에게로 스며든 것들을 껴안고 토닥이다가
함께 끝날 수 없음을 안은 채 잠이 들곤 한다

그런 나는 물을 좋아해서
목마른 사람 사이에서 물이 되길 바라지만
지금은 영영 물이 되어 마누라마저 첨벙댄다

어느 해 이맘때쯤
나는 죽은 형님을 물살에 풀어주고
흙이 쓸려나간 곳에서
낯익은 얼굴들을 들여다보고 있다

강가에는 약속이나 한 듯 어제도 비가 내리고
몸이 파란 그곳으로부터
먼저 씻겨 나간 얼굴들이 발광發光한다
　　　　　　　　　　　—「나는 수용성이다」 전문

「산책자」와 더불어 시인의 시세계를 이해하는 거멀못 가운데 또 하나 주목해야 할 시가 「나는 수용성」이다. '수용성'이란 '견고성'의 반대인데, 이는 물론 물리적인 차원이지만, 이를 형이상학적인 차원으로 한 단계 높이게 되면 비규정성이라든가 비고유성이라는 함의를 갖게 된다.

"나는 나 자신에게 돌아오지 않기" 위해서는 자아가 확정되어서는 곤란할 것이다. 가령, "나는 누구이다"라고 정의하게 되면, '내가 누구인지'에 대해 탐색하는 일은 더 이상 필요하지 않게 된다. 그러한 까닭에 '나'는 가급적 강하거나 견고하거나 혹은 불변의 위치에 놓여 있어서는 곤란하다. 시인이 이 작품에서 "나는 수용성이다"라고 과감하게 선언하는 것도 이 때문이다.

견고하지 않기에 "나는 물에 닿으면 몸이 파래지고 물감처럼 풀어질 수가" 있고, "나는 바위처럼 어딘가로 돌아갈 수가 있"게 된다. 그리하여 결국에는 "강물 따라 걷다 보면 길을 놓치고／ 흘러가다 보면 나를 놓치고 너마저 잊어버리는" 상황을 맞이하게 된다. 이런 결과는 지극히 당연한 결과라 할 수 있다. "나를 규정할 수 있거나 너를 잊어버리지 않는다면" 자아에 대한 모색은 종말에 이르게 될 것이다. 물론 그러한 과정이 어떤 결론에 도달할 수 있는 것은 아니지만 말이다.

"나는 누구인지 알 필요가 없다"거나 "나를 가급적 멀리하는 것"이야말로 서정의 의도와 긴밀히 맞닿아 있는 일이다. 하지만 시인의 작품에서 자아와 타자 사이에 놓인 거리를 좁히거나 자아의 정체성을 확보하기 위한 노력들이 완전히 닫혀 있는 것은 아니다. 그 하나가 '그림자'의 사상이다.

매일같이 그렇게 왔다 갔다 흔들리면서 가끔씩 얼굴을 파묻고 울어주면 된다고 했었다

가까이서 울음소리가 두려운 건 누군가 곁에서 등으로 굳어가고 있다는 사실

한쪽으로 기웃거리지도 않으면서 몸을 좌우로 흔드는 모양으로 봐서 목적지는 분명한 것 같았다

언제부터일까 슬픔이 무성할수록 서로는 부르지도 않으면서 생각하려고도 하지 않았다

서로는 그림자처럼 너무 조용해서 같이 가는 기분을 느낄 수는 없지만 부은 발등을 알게 되었다

우리는 취향과 스타일을 맞추기 위해 어떤 몸으로 분리하고 있었다

서로는 이기적이면서도 스스로 이기적으로 변하지 않는다고 믿었다 함께한 세계가 그러하듯

가을이 곧 끝날 것 같아서 서로는 서로만의 방식대로 기억하는 나무가 되었다

　어떻게 하면 따라 걷나 생각하다가 처음으로 온 힘을 다한 몸짓이 그림자라 누가 말했다

　그 순간 서로는 휘어진 등을 내밀고는 인정받고 싶은 슬픔을 눈물이 고이도록 말했다

　아무것이나 저 그림자로 서로를 사이에 두고 따라 걸어야 한다고 믿고 있었다

　생각할수록 끝없이 변하고 스쳐 지나갈 수밖에 없는 사랑처럼 그림자는 없었다
　　　　　　　　　　　　　―「서로를 사이에 두고」 전문

4.

　시인은 자아와 대상 사이에 놓인 거리를 좁히거나 혹은 무화시키기 위해 여러 이미지를 고안해냈다. 그 가운데 대표적인 것이 '뼈'의 이미지이다. 시인의 작품 세계에서 '뼈'란 죽음의 대치물이다. 죽음이란 자아의 완벽한 타자화인데, 시인은 이런 대타의식을 통해서 자아를 규정해보고자

하는 최소한의 몸부림을 보여주고자 했다. 그러한 사유를 보여주는 것이 「뼈에 엎드려 운다」라든가 「흰 뼈로 어둠을」 등등의 작품들이다.

  그리고 또 하나 주목해야 할 서정의 장치가 '등'의 상상력이다. 「뼈에 엎드려 운다」를 비롯해서 「서로를 사이에 두고」라든가 「창」이라는 작품에 이르기까지 이 상상력을 동원하여 자아의 이타성이 무엇인지에 대해 계속 더듬어 들어가고 있었다. 「서로를 사이에 두고」가 주목의 대상이 되는 것도 이 때문이다.

  「서로를 사이에 두고」에서 우선 주목되는 시어는 '등'의 상상력이다. 이것은 마주함이면서 상대방을 구분시키는 경계이다. 이런 맥락에서 보면 '등'은 경계이면서 또 다른 환경으로 나아가는 지점이 되기도 한다. 말하자면 '등'은 시작과 종말, 자아화와 타자화라는 양면성을 갖고 있는 것인데, "우리는 취향과 스타일을 맞추기 위해 어떤 몸으로 분리하고 있었기" 때문에 이런 감각이 가능했다고 할 수 있다.

  「서로를 사이에 두고」는 자아와 타자 사이에 여러 상관물이 등장한다. 이런 다양한 실타래들은 자아와 타자 사이의 거리를 말해주는 것이기도 하고, 또 그러한 거리를 좁혀주는 것이기도 하다. 복잡하다는 것은 모색의 길이 다양하다는 의미도 되지만, 그러한 도정이 결코 만만한 것이 아님을 말해주는 것이기도 하다.

  인용 시에서 무엇보다 주목한 상상력은 '그림자'이다. 그것은 아마도 '등'의 또 다른 실체일 터인데, 이 작품에서 표

방되는 '그림자'란 자아 탐색의 도정에서 만들어진 것이다. "어떻게 하면 따라 걷나 생각하다가 처음으로 온 힘을 다한 몸짓이 그림자"가 되기 때문이다. 그런데 이 그림자는 자아 자신의 것이기도 하지만 이타성을 향한 매개가 되기도 한다. "아무것이나 저 그림자로 서로를 사이에 두고 따라 걸어야 한다고 믿는" 것은 이타성을 향한 가열찬 열망의 표출일 것이다. 하지만 이 그림자가 자아와 타자의 공통분모로 계속 기능하지는 않는다. 마지막 연에서 알 수 있는 것처럼, "생각할수록 끝없이 변하고 스쳐 지나갈 수밖에 없는 사랑처럼 그림자는 없었기" 때문이다.

'서로를 사이에 두고' 다양한 이미지들을 서정적 자아는 만들어내고 그 틈새를 오고 간다. 그런데 이런 이미지들은 대부분 감각적으로 구현되는 특징을 보이고 있다. 그의 시들이 현실감 있게 다가오는 것, 그리고 그것이 서정적 진실로 다가오는 것은 모두 이런 감각이 주는 효과와 무관한 것이 아니다. 그는 자신에게뿐만 아니라 독자들에게도 자신의 현존이 무엇이고, 고민의 흔적이 어떤 것임을 강력하게 시사하는데, 이는 모두 감각적 이미지들이 주는 효과를 통해 이루어내고 있는 것이다.

자아와 타자 사이에 이루어지는 갈등과 조화, 혹은 모색들은 시인의 작품 세계에서 매우 집요하게 이루어진다. 그는 그러한 과정을 '산책자'의 행보로 비유한 바 있거니와 이 '산책자'는 자아와 타자 사이에 형성되는 여러 사유의 흔적을 만들어내고 또 조우하게 된다. '기억'은 그러한 과정 속에서 얻어진 심리적 기제 가운데 하나이다.

5.

　나를 꼼짝할 수 없게 만들어 버린 그 날의 숲은 어두웠다 나는 만난 적도 생각해 본 적도 없는 얼굴에게 공손히 큰절로 삼배를 올렸다 마지막 삼배가 끝날 즈음 누군가 나에게 다가와 이마에 얹힌 두 손을 잡아 주었다

　모든 것을 초월해버린 듯 미소로 나를 일으켜 세우는 당신은 저녁 숲보다 더 큰 어둠 하나를 일으켜 세우는 것 같았다

　격자 창살에 비스듬히 걸쳐 있는 당신과 나는 그것이 처음이자 마지막이었다 서로는 오래전에 아는 사람처럼 손이 따뜻했다

　그날의 기억은 잃어버린 꿈을 찾았다가 다시 잃어버리고 만 것 같았다 죽음을 태연하게 아끼듯 울음이 사흘 동안 몸 구석구석 뼈마디를 돌아다녔다

　그나마 당신의 세상이 느껴지는 듯 다시 꿈속으로 들어가고 싶었다 다행스러운 건 그날의 꿈으로 당신을 처음 알

게 되었다는 서러움이 기억보다 더 깊다는 사실이었다

   가을 나무들이 잎사귀를 하나둘 놓아주는 일처럼 당신을 하나둘 풀어주고 싶었다 뼈만 남은 당신의 손을 가슴에 내려놓으면서 이제는 떠나세요 훨 훨 아주 멀리멀리 가세요 구름만큼 오래 울었다

   무언가를 내 몸의 껍질처럼 평생 두르고 사는 일이 깊은 물 속 같아 가라앉지 못했다 갈나무 잎사귀보다도 가벼운 생각들이 멍울이 들고일어날 것 같았다 숲으로 난 길과 바람까지 모조리 덮어 주는 어둠이 먹먹했다

   나는 죽는 날까지 편두통을 심하게 앓다가 죽을 것 같았다 꿈속에는 나무껍질처럼 강물로 둥둥 떠내려간 사람을 만난 적이 있었다

   나는 가장 완고하게 내 안에서 가장 멀어지게 누군가를 슬픔의 강으로 밀어낸 적 있었다

—「기억」 전문

  기억이란 과거의 환기이기에 현존하는 자아에게 그것이 주는 효과는 결코 만만한 것이 아니다. 베르그송의 말대로 인간은 기억이 있기에 지금의 현존이 완성되는 것인지도 모르겠다. 시인에게도 이 기억은 베르그송의 그것만큼이나

중요한 시적, 정신적 기제로 기능한다.

  지금 서정적 자아에게 환기되는 기억은 다양한 형태로 오버랩된다. 쾌락의 미도 있긴 하지만, 그 자연스럽게 떠오르는 것에는 어떤 트라우마가 기능하면서 아프게 환기되는 것도 있다. 그런데 시인의 정서에 깊이 각인되는 것은 후자의 경우이다. "다행스러운 건 그날의 꿈으로 당신을 처음 알게 되었다는 서러움이 기억보다 더 깊다는 사실"을 안 까닭이다.

  자아가 무엇인지를 모색하고자 하지만, 서정적 자아는 그것의 정체성에 대해 끊임없이 부정해온 터이다. 그래서 자신에게 남아 있는 견고한 성채들을 가급적이면 무너뜨리려고 했다. 그리하여 자신을 수용성이 농후한 '물'로 비유하는가 하면, '산책자'라는 존재의 탐험자로의 변신을 이루어내기도 한다. 그러한 카멜레온적 존재는 자신의 현존 속에 뚜렷이 남아 있는 기억의 흔적을 지우려는 수준에까지 이르는 모험을 시도하기도 한다. "나는 가장 완고하게 내 안에서 가장 멀어지게 누군가를 슬픔의 강으로 밀어내고자" 하는 것이다.

  기억이란 정체성이고, 지금의 현존과 분리하기 어렵게 결합되어 있다. 만약 스스로의 정신 속에 기억의 흔적이 남아 있다면, 아니 강력한 트라우마가 되어 지금 이 순간까지 지속력을 갖고 있다면, '나 자신에게로 돌아오지 않으려는 노력'은 물거품이 될 위험성에 노출될 수밖에 없을 것이다. 그러한 까닭에 기억은 던져져야 하고, 이윽고 물과 같은 유동적인 존재가 되어야 한다. 자신을 규정하는 견고한 성채로 있어서는 곤란한 까닭이다.

6.

　프로이트 이후 자아 내부에는 이상적인 부분과 현실적인 부분이 놓여 있고, 그 둘 사이에서 끊임없이 갈등하는 것으로 알려져 있다. 그래서 수많은 시인이나 철학자는 양자 사이에 놓인, 결코 넘을 수 없는 강을 넘어서거나 혹은 좁히고자 하는 지난한 노력을 펼쳐왔다. 그런데 한성희 시인은 그러한 사유 구조와는 한 걸음 비켜 서 있다. 시인은 이 둘 사이의 거리를 좁히거나 새로운 지대로의 승화를 모색하지 않는다. 경우에 따라서는 자아 자체에 대해 부정하기도 한다. 이런 면을 두고 그의 시를 포스트모던적인 경계에서 이해할 수도 있을 것이다. 하지만 이런 구분 또한 시인이 구사하는 작품 세계의 본령과는 거리가 있는 것인지도 모르겠다. 시인은 자아 밖으로 나가서 다시금 여기로 되돌아오려는 노력을 하지 않는 까닭이다. 그는 자아란 무엇인지가 궁금한 것이 아니라 자아 그 자체에 대해 즐기는 유희적 포즈를 취하고 있을 뿐이다. 그러한 자세가 시인으로 하여금 자아에 대한 영원한 산책자로 만드는 근본 매개가 아닐까 한다.
　그의 시들은 계속 전진할 것이다. 뚜렷한 종착점이 없이 그저 나아갈 것이다. 이를 추동하는 것은 자아를 규정하지 못하는, 아니 결코 정형화할 수 없는 에네르기일 것이다. 그는 자아에 대한 끊임없는 항해자이며, 산책자이다.